LES
NOUVEAUX IMPOTS

PAR

LE C^TE DE CHAMPAGNY

De l'Académie française

PARIS

BRAY ET RETAUX, LIBRAIRES-ÉDITEURS

82, RUE BONAPARTE, 82

—

1877

LES NOUVEAUX IMPOTS.

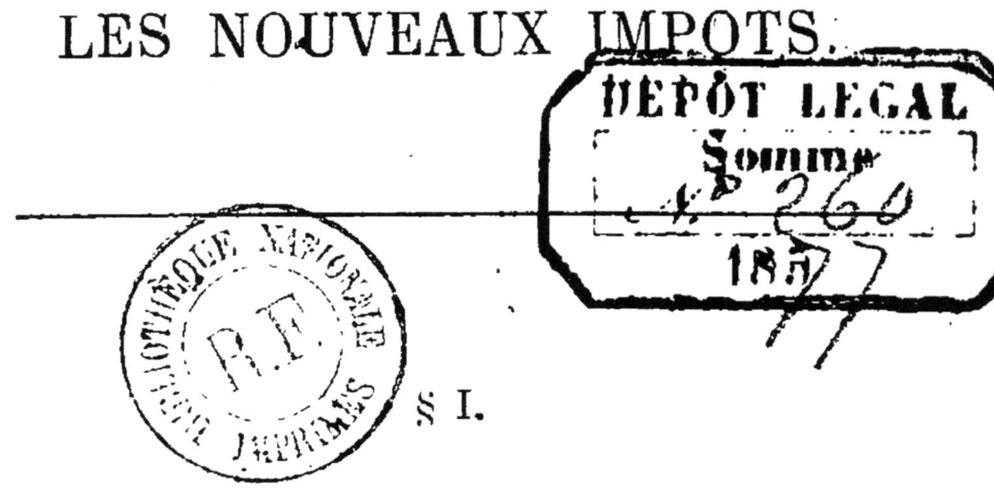

§ I.

L'IMPÔT SUR LE REVENU.

La scène se passe dans un café d'une ville de province ; cinq ou six cultivateurs sont venus là pour le marché..... et aussi pour le petit verre qu'ils boivent ensemble. Ils boivent, ils fument et ils causent. Un ami, un homme de la ville, un grand parleur survient. Il a un chapeau mou, une barbe touffue et qui grisonne. Il a l'air radieux.

« Avez-vous lu le *Siècle* ? dit-il. Il y·a de
« bonnes nouvelles. Cette fois au moins, nous
« ne serons pas attrapés ; ce sont les *bons* qui s'en
« mêlent, et nous allons enfin gagner quelque
« chose aux révolutions que nous avons pris la
« peine de faire. L'impôt sur le revenu ! on va

« .le proposer à la Chambre, et il faudra bien que
« la Chambre l'adopte. Voyez donc ! les riches
« paieront tout ; nous, nous ne paierons rien....
« ou presque rien ! Plus d'impôt sur le tabac, sur
« l'eau-de-vie, sur le sel. Tout à bon marché !
« Les riches paieront pour les routes, pour les
« canaux, pour les chemins de fer, pour l'armée,
« s'il y a encore une armée, en un mot pour
« tout. »

Or il y avait là un brave homme, petit fermier,
mais fermier intelligent, et qui avait, chose ex-
traordinaire, causé parfois avec des gens ins-
truits dans les affaires de finance. Celui-ci
souriait un peu de l'enthousiasme de son voisin.

« Les riches paieront, dit-il; mais combien y a-
t-il de riches en France ? »

Le beau parleur fut un peu embarrassé. « Je
ne sais trop, dit-il, mais il y en a bien un millier,
mettez-les, l'un dans l'autre, à 100,000 livres de
rente, et comptez. »

« Cela fait cent millions de rente, et la dépense
de l'État est de deux milliards au moins, c'est-à-
dire deux mille millions. Quand même on leur
prendrait tout ce qu'ils ont, vous voyez que nous
sommes un peu loin de compte. »

— « Le journal dit cependant que les riches
seuls paieront. »

— « Peut-être ; mais qui est-ce qui est riche ?
Ce n'est ni vous, ni moi, direz-vous. Si; c'est vous

et moi. Vous avez un petit commerce, tout petit, direz-vous ; mais, auprès de celui qui ne gagne que sa journée et ne la gagne pas toujours, vous êtes riche. Nous autres, cultivateurs, nous avons... combien ? Six, douze, quinze arpents de terre. Mettez seulement six ou sept. Auprès du journalier qui n'a pas un pouce de terre et qui n'est pas employé tous les jours nous sommes des riches, et nous payons l'impôt, et nous le paierons, et, si le nouveau système d'impôt est adopté, nous paierons plus que jamais. »

— « Plus que jamais oh ! non ! » cria le beau parleur, et tous se récrièrent avec lui.

— « Oui, plus que jamais ! reprit l'autre, nous payons déjà beaucoup, nous paierons encore plus.

« Remarquez d'abord que ces messieurs ne s'entendent pas. Moi aussi, comme vous, j'ai lu quelques journaux, et j'ai trouvé des projets fort différents les uns des autres. L'un, très-compliqué, et que je n'ai pas eu, je l'avoue, la patience d'étudier jusqu'au bout; un autre plus simple, et qui prend tout simplement cinquante centimes par cent francs de notre revenu à tous. Vous en verrez d'autres encore ; chacun arrangera la chose à sa façon; celui qui est manufacturier mettra sa manufacture à l'abri; celui qui est rentier déclarera que la rente est chose sacrée, et que l'État ne doit pas y toucher. Mais celui qui est propriétaire de terre ou de maison, si petite que sera sa terre ou sa maison, celui-là sera bien forcé de s'exécuter ; il n'y a pas moyen qu'il y échappe. Vous verrez quand on en viendra à l'exécution ; que de difficultés, que de fraudes, que d'échappatoires ! Et aussi que d'arbitraire, que d'injustices, que de jugements erronés ! — Ferez-vous comme en Prusse, où l'impôt sur le revenu existe aussi, et où les employés du fisc déterminent à vue d'œil, selon leur inspiration, le chiffre de votre avoir, où il faut leur démontrer que vous n'êtes pas si riche que cela, et pour le faire, leur ouvrir vos livres, vos papiers (ce que personne, ni commerçant, ni industriel, ni même cultivateur, n'aime beaucoup à faire) ; et, malgré tout encore, être taxé au delà du chiffre vrai de votre fortune. N'a-t-on pas vu à Berlin un député qui avait voté contre ce bon M. de Bismark, puni de son vote par les agents de finance qui ont évalué sa fortune au double de l'année précédente, quoiqu'elle n'eut pas augmenté ? — Ou bien, ferez-vous comme en Angleterre, où, plus équitable, on commence par demander au contribuable ce qu'il a ; on examine sa déclaration, et on le punit si elle se trouve fausse. Dans ce pays-là, on a plus que chez nous l'esprit des affaires, et l'impôt sur le revenu y est établi depuis plus de soixante ans. Et cependant, on ne cesse de s'en plaindre. J'ai entendu parler de cela, des difficultés et des tracasseries que cet impôt entraîne ! Que de fonctionnaires spéciaux, délégués, commis, tous payés, comme de raison, il faut pour percevoir la taxe, et juger la déclaration de chacun ! (112,877 réclamations en une seule année.) Quelle pâture pour les avocats et les gens d'affaires ! Aussi l'Angleterre voudrait-elle s'en débarrasser. Ses hommes d'État les plus illustres, Brougham, Mac-Culloch, etc., déclarent « qu'il n'est pas d'institution anglaise qui ait fait plus pour corrompre le caractère du peuple anglais. » Malheureusement, se débarrasser d'un impôt qui est une fois entré dans le système financier, n'est pas chose facile.

Or, chez nous, ce serait bien pis qu'en Angleterre. L'Angleterre est un pays de grandes fortunes, et, de plus, l'Angleterre est un pays, où, volontiers, on se fait honneur d'être riche, dût-on payer un peu plus d'impôt. On aime à faire dire que l'on *vaut* (c'est là leur expression) mille, dix mille, cent mille livres de rentes. Chez nous, c'est tout le contraire. Les gens très-riches sont beaucoup moins nombreux, et bien des gens assez riches aimeraient à se faire passer pour pauvres. Ils ont peur que leur richesse ne leur fasse des ennemis, et, si de plus leur richesse leur vaut un surcroît d'impôt, outre ceux qu'ils payent déjà, ils feront leur possible pour la cacher.

Ainsi le rentier, celui qui a des rentes sur l'État, dira à l'État (et avec raison) : « quand il s'agit de ma rente, je ne suis pas votre sujet ni votre contribuable, je suis votre créancier. Je vous ai prêté à cinq pour cent, vous me devez cinq pour cent ; et, si en me payant vous me retenez un ou un demi pour cent, vous me volez. » — Celui qui a des capitaux mobiliers, des valeurs au porteur, les mettra dans sa poche, et se dispensera de les déclarer (peu loyalement, me direz-vous ; oui, mais cela se fera bien souvent). Et alors qui soupçonnera cette richesse ? Ou bien il la changera (chose bien libre, et dont on ne peut guère lui faire un reproche), il la changera en valeurs étrangères ; et alors, qui donc ira s'en informer en Angleterre, en Russie, en Amérique, où du reste on ne pourra rien apprendre puisqu'il n'aura pas donné son nom ? — Le commerçant, l'industriel devra, dites-vous, déclarer le chiffre de son gain. Mais le sait-il bien lui-même ? Mais voudra-t-il le déclarer ? Si c'est le produit brut que vous lui demandez, vous êtes inique. Si c'est le produit net, comme il est juste de le faire, vous aurez à apprécier et son gain et sa dépense, double source d'erreurs, double occasion de difficultés, double facilité pour la fraude, double impossibilité de bien juger. Et qui donc jugera ? Qui prononcera entre le fisc qui exagère peut-être le revenu du contribuable, et le contribuable qui diminue, tant qu'il peut, le chiffre de son revenu ? Que d'ambages, que de ténèbres, que d'enquêtes, que de rapports ? Combien de juges, de commissaires, de scribes à payer ? Que de frais à déduire du montant de cet impôt ? Et combien sera réduit ce demi pour cent que l'on veut prélever sur le revenu mobilier de la France ?

Mais, au contraire, quand il s'agira du revenu immobilier de la France, de notre fortune à nous cultivateurs, ce sera tout autre chose. Nous sommes trop honnêtes gens pour frauder, et ici du reste, le plus malhonnête homme du monde ne trouverait guère moyen de frauder. N'eussiez-vous qu'un arpent de terre ou de pré, qu'une maisonnette couverte de chaume, vous ne mettrez dans votre poche ni votre arpent de terre ni votre maisonnette. Elle a été cadastrée ; tout le monde la voit, et le percepteur mieux que personne. Ainsi donc le rentier échappera, et je crois, moi, que ce sera justice. Le commerçant échappera plus ou moins. (Qui est en état de bien apprécier les bénéfices d'une maison de commerce ? Pas même toujours celui qui la dirige.) Le propriétaire de valeurs mobilières, de fonds étrangers, de bons au porteur, à moins qu'il ne soit d'une conscience bien scrupuleuse, échappera lui, à coup sûr. Mais nous, nous n'échapperons pas. »

Le lecteur du *Siècle* était un peu abasourdi. Il voyait le peuple moins content qu'il ne l'avait imaginé. Il lui vint cependant à la tête une objection puissante. « Mais songez donc, dit-il, que l'impôt

ne s'applique qu'à ceux qui ont 1200 francs de rente
au moins. Et qui de nous a 1200 francs de rente?»
Mais vous peut-être, reprit l'interlocuteur. Voyons!
votre commerce, les quatre ou cinq arpents de
terre que vous louez, la petite rente que vous fait
votre cousin Antoine, et puis, que sais-je, quelque
bribe de rente que vous aurez achetée, est-ce que
cela ne monte pas bien à 1200 francs? Je ne veux
pas être indiscret et je ne vous demande pas de
me répondre. Mais, est-ce donc une si grande
fortune que 1200 francs? Sont-ils si rares parmi
nous ceux qui les ont, ou qui les auront demain
à la mort d'un oncle ou d'un cousin ? Et puis
enfin, prenez garde que, si vous grevez trop
l'homme riche, il dépensera moins, il achètera
moins, et le commerçant en souffrira ; il con-
sommera moins, et le cultivateur en souffrira.
Tout se tient en ce monde, et la richesse de l'un
est toujours quelque peu la richesse de tous, et la
pauvreté de l'un fait toujours quelque peu la
pauvreté de tous.

De plus, votre fixation de 1200 francs ou de
tout autre minimum de fortune est souveraine-
ment inique. Quand on a 1200 francs de rente,
dites-vous, on est à son aise, on peut bien payer
un petit surcroît d'impôt. Peut-être oui, si l'on
est seul ; mais, si le contribuable *par malheur* a
une femme, il n'est guère plus riche que s'il n'a-
vait que 600 francs pour lui tout seul. Et si, par-

dessus le marché, il a deux, trois, quatre, dix enfants, son aisance tombe au niveau de celle d'un célibataire à 300, 100, 50 francs de rente, que sais-je? et il paiera votre impôt comme s'il était riche de 1200 francs ! Nos faiseurs de projets ne tiennent pas compte de cela.

Autre chose dont ils ne tiennent pas compte: J'ai 1500 francs de revenu, oui ; mais je paye une rente viagère de 300 francs; de plus j'ai emprunté 10,000 francs à 5 pour 100, et il faut que j'en paye l'intérêt ; ci: 200 francs que je dois. Ne comptez donc mon revenu que pour 1000. — Ou bien encore: j'ai un commerce qui me rapporte tant ; mais les besoins de ce commerce m'imposent un loyer forcé de tant ; déduisez mon loyer de mon revenu. — Cela est juste en soi ; mais dans quel dédale d'affaires il faudra entrer ? Comme il sera facile. que la fraude s'y mette! Comme on risquera de chiffrer trop bas la fortune de tel homme, habile à la déguiser, ou au contraire de chiffrer trop haut la fortune de tel homme simple et inhabile à se défendre! Vos faiseurs de projets ne prévoient rien de tout cela, ou plutôt ils pressentent bien qu'il y a là une source de complications sans fin et ils se gardent bien d'en parler. »

« — Que voulez-vous ? dit l'autre, cela sera peut-être un peu lourd à payer, et quelques-uns paieront peut-être plus qu'ils ne devraient, mais

si on paie un peu plus d'un côté, on paiera peut-
être un peu moins de l'autre. Grâce à l'impôt sur
le revenu on va diminuer, peut-être même sup-
primer les droits sur les eaux-de-vie, sur les
bougies, les huiles, les savons, les chicorées, etc.,
etc., etc. »

En êtes-vous sûr, dit le cultivateur, moi je
crains que, par le fait, on ne supprime rien du
tout, ou qu'on ne rétablisse bientôt ce qui aura
été supprimé. Combien produira le nouvel impôt? Personne ne le sait, par conséquent personne ne sait de quoi on pourra dégrever les
autres impôts. D'ailleurs fiez-vous en aux gou-
vernements ; quand ils augmentent leurs reve-
nus, ils ont soin aussi d'augmenter leurs dépenses. Un impôt quelconque est une ressource
qui peut toujours être bonne à quelque chose, et
qu'ils ne lâchent pas volontiers. Et puis, il y a
toujours du nouveau en fait de dépense. Ce sont
par exemple nos bons conseillers municipaux
qui travaillent pour rien ; ne trouvera-t-on pas
juste de leur donner quelque chose? On le demande pour eux, et l'impôt sur le revenu procu-
rera les moyens de le faire. — Ce sont de nouvelles
rues, de nouvelles places, de nouveaux boule-
vards à faire dans Paris. Cela rapporte, dit-on.
Oui peut-être demain ; mais aujourd'hui cela
coûte. — Et la guerre, si, par malheur, elle nous
tombait encore sur les bras ! Dieu nous en pré-

serve, oui certes, mais enfin il faut toujours être prêt à la faire ; c'est le meilleur moyen de l'éviter.

Et de plus, il ne faut pas toujours penser à nous et à nous seuls. Veillons à nos intérêts, c'est très-bien, mais en même temps il faut être justes et dire, en bons Français que nous sommes, que ce qu'on doit chercher, c'est le système d'impôt le plus équitable, le plus égal, le plus proportionné aux fortunes. Il y a bien des systèmes. — Imposer le capital, dira l'un. Mais le capital, comment le bien connaître ? On le connaît bien quand il est en terre, mais on ne le connaît pas quand c'est un capital mobilier, commercial, industriel ; ici la fraude, la dissimulation est facile ; l'homme qui mentira, l'homme qui se cachera paiera moins, et l'honnête homme, l'homme sincère paiera d'autant plus. — Imposez le revenu, dit l'autre ; mais, vous le comprenez, c'est absolument la même chose, le revenu est tout aussi difficile à apprécier que le capital ; car en définitive, c'est par le revenu qu'on apprécie le capital. Je vous disais tout à l'heure combien dans l'Angleterre, pays d'affaires par excellence et où l'on connaît bien le secret des affaires, l'impôt sur le revenu entraîne de difficultés, de procès, de mécomptes. Dans l'un comme dans l'autre système, on arrive au vague, à l'arbitraire, à des disproportions choquantes.

Moi je vous dis, ou plutôt nos gouvernants les plus sages l'ont dit avant moi : Plutôt que d'imposer le capital ou d'imposer le revenu, autant que possible, imposez la dépense. C'est ce qu'on appelle impôt indirect. Ce que vous avez plus ou moins de fortune, de rentes, de pension, d'effets de commerce, nous ne le voyons pas, et nous ne le verrons jamais bien clairement ; mais nous voyons que vous allez chez le marchand de tabac et que vous achetez un cigare ; vous le paierez à cause du monopole de l'État un petit centime de plus. Nous vous voyons entrer chez le marchand de vin et boire un petit verre ; ce sera pour ce petit verre un centime ou un demi-centime que le cafetier a payé et qu'il vous fait payer. Si vous êtes raisonnable, cela fera un centime par jour ; si vous êtes grand buveur et grand fumeur ce sera peut-être un sou par jour. Cela ne diminue pas beaucoup votre bourse de chaque jour, et néanmoins, au bout de l'année, cela fera une assez bonne petite somme pour l'État. Ces impôts se payent plus facilement parce qu'on les paye sou à sou. Dix-huit francs vingt-cinq centimes qu'on vous demanderait le 1er janvier de chaque année, cela vous semblerait un peu gênant ; mais un sou par jour, on en prend son parti, et l'État n'en a pas moins au bout de l'an ses dix-huit francs vingt-cinq centimes. Où lisaisje donc ceci? « Soixante francs versés au bureau de tabac, c'est une joie, mais dix francs donnés au guichet d'une compagnie d'assurances, c'est un ennui. » On aime le plaisir, taxez le plaisir.

C'est chose étonnante comme on s'accoutume vite à payer ce qui se paye sou à sou. Quand on a établi en Angleterre les timbres-poste, le produit de l'impôt de la poste est tombé d'abord de 59 millions à 33; mais il est bien vite remonté, les années suivantes, à 55; et, en 1870, il était à 116 millions. Et, même chez nous où les timbres-poste sont plus chers et où par conséquent on en use moins, leur produit est monté en dix-huit ans de 4 millions à 68 millions. Vous le voyez, l'État empoche ainsi une bonne somme, et l'impôt sans doute ne paraît pas trop lourd, puisque loin d'écrire moins de lettres, on en écrit davantage. Et, sans prétendre que ces impôts-là se proportionnent exactement au chiffre des fortunes, remarquez qu'ils se maintiennent cependant dans une certaine proportion.— Ainsi, il y a l'impôt sur les chevaux et les voitures (qui est bien, celui-là, un impôt sur la dépense, quoiqu'on l'appelle impôt direct): celui-là, pouvons-nous nous en plaindre? Pour notre charrette et notre cheval de labour, nous ne payons rien. Pour le cabriolet, avec lequel il fait des courses, le marchand mon voisin, qui est plus riche que moi, paye quelque chose; mais le riche propriétaire qui a huit chevaux dans son écurie, et trois voitures dans la remise de son château, celui-là payera bien davantage et c'est bien juste.—Il y a l'impôt sur les billards : celui-là ne nous regarde pas ; il sera payé par le propriétaire du château voisin et par le riche cafetier de la ville, et, pour nous, si nous avons le goût du billard et si le cafetier hausse un peu ses prix, ce sera peut-être un quart de centime pour chaque partie. — Il y a les timbres-poste, les timbres de quittance, etc. Oui, cela fait bien quelques sous que je paye quand j'écris à mon garçon qui est à l'armée, ou quand je presse un mauvais payeur de me payer ce qu'il me doit, cela me fait bien huit ou dix francs par an ; mais le grand commerçant qui fait des affaires avec toute la terre, mais le gros banquier qui reçoit des placements de toutes les mains et qui place dans toutes les mains, mais le propriétaire qui a cinq ou six hommes d'affaires, dix ou douze fermiers, vingt ou trente marchands attitrés, celui-ci consomme pour cent ou mille francs peut-être des petites estampes du gouvernement. — Et ainsi du reste. Que ce soit une proportion exacte, je ne le prétends pas ; c'est au moins une justice approximative. En règle générale, qui a de l'argent en dépense, et, quand le gouvernement taxe la dépense, il impose, il est vrai, un peu le pauvre, mais beaucoup le riche. Si vous ne mangez que du pain, vous ne payerez rien à l'État, car le pain n'est pas imposé. Si vous y ajoutez un peu de viande, vous payez quelque chose. Mais, si vous allez, comme les riches, jusqu'au jambon d'York et jusqu'aux vins d'Espagne, vous payez beaucoup plus à l'État ; c'est toute justice, et, croyez-moi, c'est encore la justice la plus exacte que l'État puisse atteindre. Hors de là, vous avez inquisition, procédé arbitraire, fraude facile pour les uns, surcharge excessive pour les autres, et définitivement, sous le prétexte d'une justice plus exacte, beaucoup d'injustices.

Je ne suis pas financier, mais il me semble que si je l'étais, je dirais ceci à nos faiseurs de projets : « Combien pensez-vous que doive vous rapporter votre impôt sur le revenu ? » 48 millions, dites-vous ; au fond, personne n'en peut rien savoir ; mettons 50. Eh bien ! j'essaierais, ce me semble, de procurer à l'État 50 millions d'une autre façon. Je prendrais l'impôt des timbres-poste. — Vous l'augmenteriez ! dites-vous. — Non, je le diminuerais. Les lettres aujourd'hui vont d'une ville à l'autre pour cinq sous. Je voudrais qu'elles allassent comme en Angleterre, d'une ville à l'autre pour deux sous. Et il arriverait, je crois, ce qui est arrivé en Angleterre, où, payant moins, o   davantage, et cela tellement, qu'on fin   dans l'année une plus forte som l'État.   timbre-poste de cinq sous ne rapporte à la France que 68 millions ; le timbre-poste de deux sous rapporte à l'Angleterre 116 millions. Voyez la différence. Est-ce qu'il n'y aurait pas là pour l'Etat quelques millions à gagner sans que personne s'en plaigne ?

Prenons-y garde, et ne nous laissons pas tromper par les mots. On nous dit sans cesse : Les riches payeront tout, et vous ne paierez rien. Non, car à bien dire, tout le monde paie pour tout le monde. On me déchargera de la petite contribution que je paie, et on chargera d'autant plus le riche épicier mon voisin : qu'arrivera-t-il ? L'épicier fera payer un peu plus cher son sucre et sa chandelle ; il en souffrira parcequ'il vendra moins : mais, moi aussi, j'en souffrirai parce que, ou je me priverai ou j'achèterai plus cher. Et ainsi du reste. Nous sommes tous solidaires, jusqu'à un certain point ; et la richesse d'un voisin est quelque peu la nôtre, comme sa ruine serait plus ou moins notre ruine. La Convention ou le Comité de salut public va confisquer la maison de ce richard que vous appelez émigré, réactionnaire, clérical, je ne sais quoi. Il y aura un de nous qui y gagnera peut-être (gain malhonnête et que je ne lui envie pas !) parce qu'il mettra l'enchère sur cette maison, et l'aura, vu les circonstances, au dixième de ce qu'elle vaut. Mais, nous qui travaillions jadis pour ce riche, nous à qui il faisait gagner des journées, nous qui lui vendions notre blé, notre huile, notre fourrage, nous sommes une centaine qui y perdrons.— On nous dit : « L'impôt sur le vin ! quelle horreur ! nous ne pourrons donc pas boire à notre soif. L'impôt sur l'eau-de-vie ! cela nous coûtera cher de nous griser. L'impôt sur le papier ! nous paierons notre journal un sou de plus. C'est indigne. Qu'au lieu de cela, on mette plus d'impôts sur ce propriétaire de quelques cinquante ou cent mille livres de rente, qui a des fermes, des terres immenses, des bois, des troupeaux. » Ce qui veut dire, en d'autres termes, qu'on augmente l'impôt foncier ! Mais prenez-y garde. Vous aimez le vin, l'eau-de-vie, le journal, et vous ne voudriez pas qu'on vous les fît payer trop cher. C'est fort bien ; mais il y a choses plus nécessaires que celles-là, le bois pour se chauffer, la viande pour se nourrir et plus encore le pain. Or, l'impôt foncier, c'est l'impôt sur le bois, sur la viande, et surtout c'est l'impôt sur le pain. Si le cultivateur paie davantage à l'État, il mettra son blé plus cher pour qu'il lui rapporte ce qu'il lui coûte. Et par suite, vous, à votre tour, vous paierez votre pain deux sous de plus, pour n'avoir pas voulu payer votre eau-de-vie ou votre journal un centime de plus. Encore une fois, ne vous imaginez pas qu'on puisse ruiner quelqu'un sans nuire à tout le monde. Nous sommes frères plus que nous ne voudrions l'être, frères par l'intérêt quand même nous ne le serions pas par le cœur. Si vous mettez le feu à la maison de mon voisin, gare pour la mienne !

« Eh bien ! alors, dirent les assistants, puisque l'impôt foncier, l'impôt direct, c'est l'impôt sur le pain, et que le pain nous est plus nécessaire qu'autre chose, que le gouvernement augmente donc les impôts indirects et qu'il n'y ait plus d'impôt direct ! »

« Non, répondit le rustique financier. Cela ne peut pas être. L'impôt indirect est fort juste ; mais il a un inconvénient qui ne lui permet pas de figurer seul au budget : c'est qu'il est variable. Qu'il y ait quelque inquiétude dans les esprits, quelque agitation dans la rue, le commerce baisse, l'impôt ne donne plus, et l'État n'a plus de quoi vivre. Et cependant, à ces moments-là, comme à d'autres, il faut que l'État vive, qu'il veille à notre sûreté, qu'il paie des gendarmes, qu'il paie des soldats. Et s'il y a la guerre (il faut bien le regarder sans l'appeler, ce sinistre fantôme de la guerre), c'est alors plus que jamais que le commerce s'arrête, que les douanes ne donnent plus rien, qu'en un mot l'impôt indirect ne rapporte plus : et c'est alors cependant que l'État a plus besoin d'argent, qu'il lui faut entretenir plus de soldats, fortifier davantage nos villes, forger des canons, fondre des boulets.

« Il faut donc, je suis le premier à le dire, il faut que l'impôt indirect ne soit pas le seul; il faut toujours maintenir l'impôt direct, l'impôt que j'appelle invariable, celui qui en temps de guerre comme en temps de paix, aux heures pénibles comme aux jours de prospérité nous met le pistolet sur la gorge et met la main sur notre bourse; l'impôt sur la propriété, sur la propriété mobilière de quelque façon qu'on ait pu l'établir, et surtout l'impôt sur la propriété immobilière, l'impôt sur la terre.

C'est là notre privilége, nous, propriétaires fonciers, depuis le millionnaire jusqu'au plus pauvre cultivateur. Privilége qui ne laisse pas que de peser lourdement sur nous, mais dont il faut savoir nous faire honneur. Nous sommes le soutien de la patrie dans ses jours difficiles; c'est à nous, quand le reste lui fait faute, qu'elle demande tout, l'argent comme les soldats. Nous sommes la terre, c'est-à-dire ce qu'il y a de plus immuable, de plus saisissable, de plus inévitablement livré à la plume du percepteur et au compas de l'arpenteur cadastral. Ce qu'on ne trouve pas ailleurs on le prend sur nous; déçu ailleurs, c'est toujours sur nous qu'on retombe. Quand la guerre éclate, c'est nous qui payons la guerre; quand Paris, à qui cela ne coûte rien, s'amuse à faire une révolution, c'est nous qui payons les frais de la révolution. C'est une lourde charge, inévitable sans doute, mais n'augmentons pas inutilement le poids de cette charge.

« Rappelez-vous, vous qui n'êtes plus jeunes, ce qui s'est fait en 1848. Cette fois-là comme tant d'autres, Paris qui s'ennuyait avait fait une révolution pour se divertir. Sous quel prétexte ? Je n'en sais plus rien, et je crois que, nous tous qui vivions en ce temps-là, l'avons oublié ! tant le prétexte était frivole, et tant le profit a été petit ! Que dis-je, profit ? Il n'y a eu que perte, et perte de millions ; les révolutions, si peu qu'elles durent, coûtent cher ; l'État livré à de nouveaux maîtres, s'est tout de suite trouvé sans le sou. Où prendre de l'argent ? A qui demander de l'argent ? A la terre, ont-ils dit, il n'y a que cela.

« Et l'on nous a mis au cou, vous vous le rappelez, mes contemporains, le carcan des quarante-cinq centimes. C'est-à-dire que d'un seul coup on a augmenté notre contribution de près de moitié. Celui qui payait 100 francs en a payé 145. Oh ! cette fois, c'était trop fort. Notre patience, si grande qu'elle soit, n'y a pas tenu, et, quand des élections se sont faites, nous avons voté contre les gens de la révolution, et nous nous sommes donné un gouvernement plus raisonnable qui nous a fait encore payer beaucoup, mais pas autant.

« Grâce à Dieu ! cette faute des révolutionnaires

nous a été épargnée dans ces derniers temps ; il y a eu cette fois aussi bien des malheurs et des malheurs plus grands encore, la guerre, la défaite, cinq milliards à payer à l'étranger, et de plus, comme toujours, une révolution, parce qu'il faut toujours, par-dessus tous les désastres, une bonne petite révolution pour les compléter, comme le petit verre après le repas. Mais cette fois, du moins, nos gouvernants ont été plus sages qu'en 1848, ou du moins ils ont eu plus de temps pour réfléchir. Ils ont senti que la terre ne pouvait pas tout donner, et qu'il faut tâcher de cueillir un peu ailleurs. Ils ont augmenté quelque peu les impôts indirects, ils en ont créé de nouveaux, comme celui des quittances, etc. Somme toute, les bourses n'ont pas trop souffert, les cinq milliards ont été payés et la France n'a pas été ruinée.

« Oui, mes amis, il faut être justes, il faut être bons patriotes, mais il ne faut pas non plus être dupes. Ne nous laissons pas mettre au cou un nouveau carcan des quarante-cinq centimes, tel que celui qui nous a paru si lourd en 1848. Pour être un peu déguisé, il ne laissera pas que d'être lourd, et l'impôt nouveau, avec son cortége d'enquêtes, de déclarations, d'informations, de procès-verbaux, de visites, sera pour nous une gêne sans fin. A raison de nos petites terres et de notre modeste ferme, nous payons déjà l'impôt foncier, l'impôt personnel, l'impôt mobilier, les portes et fenêtres, la prestation. C'est bien assez, n'y ajoutons pas ces 50 centimes pour 100 fr. que l'on est près d'y ajouter. Ces messieurs des villes, ces faiseurs de projets sont bien à leur aise; ils ont leur fortune dans leur poche, et bien habile celui qui saura la contrôler exactement. Si on supprime les impôts indirects, ils paieront moins cher leur eau-de-vie et leurs cigares; ils vendront même avec plus d'avantage leurs savons ou leurs chocolats, déchargés des droits de l'État; c'est tout profit pour eux. Mais nous, cultivateurs, notre fortune est à l'air, et, ne dussions-nous payer qu'un vingtième de plus que ce que nous payons, ce sera plus qu'une diminution de droits ne nous fera gagner sur nos cigares, nos petits verres et notre chocolat.

« Les faiseurs de projets ne seront jamais nos amis; ils ont leurs amis à eux, leurs amis des clubs et des tavernes; ce sont ceux-là qui les applaudissent, ceux-là qui, au besoin, font tapage pour eux, ceux-là qui, hier ou avant-hier, faisaient des émeutes et des révolutions pour eux. Comment voulez-vous qu'on ne vienne pas en aide à de si utiles amis, et qu'on ne leur fasse pas la part bonne, soit en fait de préfectures ou de sous-préfectures quand on est à même d'en donner, soit au moins en petits dégrèvements de contributions? Comment voulez-vous qu'on ne la

leur fasse pas à nos dépens, nous autres *ruraux*,
que l'on ne connaît pas, que l'on n'aime pas, et
dont on ne se sert pas ?

« Somme toute, ne nous faisons pas gens de révolutions ; ne serait-ce que notre intérêt personnel.
Aux révolutions, aux clubs, au tapage, d'autres y
gagnent peut-être ; nous, nous y perdons toujours. On jette à l'eau les deniers de l'État, et on
vient fouiller dans nos sillons pour remplacer
l'argent qu'on a perdu. On se précipite à corps
perdu dans de folles guerres, et ce sont nos
pauvres enfants que l'on nous prend pour ren-
forcer les bataillons que la guerre a éclaircis.
Soyons les hommes de l'ordre et les hommes de
la paix. C'est notre intérêt comme cultivateurs,
c'est notre devoir comme pères de famille,
comme honnêtes gens, comme chrétiens. Ren-
dons à César ce qui est à César ; l'impôt quand il
nous le demande, nos enfants quand il en a
besoin ; mais prions-le de ménager le sang de
nos enfants, et, puisque nous payons l'impôt,
de ne pas nous le faire payer à nous tout seuls. »

La conversation finit là et les auditeurs s'en
retournèrent chez eux, comprenant enfin que
l'impôt sur le revenu, de quelque manière que
les faiseurs s'y prennent pour l'arranger, ne
serait à l'avantage ni des cultivateurs ni même
de personne.

§ II.

L'IMPOT SUR LE CAPITAL.

Mais, encore un mot. On ne parle pas seulement d'impôt sur le revenu, on parle d'impôt sur le capital. Est-ce la même chose ? — Cela se ressemble beaucoup. Si vous diminuez le revenu, le capital vaudra moins ; si vous diminuez le capital, il y aura moins de revenu. Si ma terre est imposée plus cher, le revenu net sera moindre ; si ma récolte est chargée d'une centaine de francs de plus envers le gouvernement, ma terre se vendra moins cher. Sous un nom ou sous un autre, tout cela revient au même, payer, toujours payer; et, plus les faiseurs de projets imagineront de nouvelles façons de payer, soyez-en sûr, plus on payera.

« Mais, dit-on, on n'imposera que les gros capitaux, ou pour parler plus exactement, les gros capitalistes, et les autres seront déchargés d'autant. »

Les gros capitalistes! qu'entendez-vous par là ? Celui qui a seulement 1000 francs de capital est riche aux yeux de celui qui n'a pas un sou. Celui qui a 20,000 francs de capital est pauvre comparé à celui qui a 100,000 francs. Et ainsi de suite.

Où vous arrêterez-vous? Quelle sera votre limite entre les gros et les petits ?

Prenez garde, si vous mettez votre limite trop haut, votre impôt ne produira rien. Les grandes fortunes sont rares. Prendriez-vous tout ce qu'elles produisent, ce serait les détruire, et le lendemain vous n'auriez plus de matière imposable. Prendriez-vous la moitié de ce qu'elles ont, vous n'auriez encore, par rapport aux dépenses de l'État, qu'une petite somme. Je le disais tout à l'heure, et, quoiqu'on ne puisse guère avoir de chiffre positif en pareilles matières, on peut bien dire que les fortunes d'un million et au-dessus, toutes réunies, ne représentent pas la 100° partie de la fortune de la France. Quand même vous dépouilleriez tous ces propriétaires et feriez cadeau à l'État de ces capitaux-là tout entiers, la France, pour subvenir à ses dépenses, aurait encore bien près de deux milliards à vous payer. Et puis il y aura toujours la difficulté dont nous parlions tout à l'heure: estimer la fortune de chacun. Qu'on l'estime en revenu ou qu'on l'estime en capital, l'un n'est pas plus facile que l'autre. Ce sera toujours pour les habiles la même possibilité de fraude ; ce sera toujours pour les honnêtes gens la même possibilité d'être taxés trop haut ; ce sera toujours la même impossibilité de saisir certaines valeurs, comme les fonds placés à l'étranger, la même impossibilité de bien apprécier certaines autres, comme les valeurs industrielles dont le chiffre augmente ou diminue d'un jour à l'autre.

Il y aura même ici une difficulté de plus. On apprécie en général le capital par le revenu. On raisonne ainsi : Mon arpent de terre me produit 100 francs par an ; donc, à 2 1/2 pour cent (si vous adoptez ce taux) mon arpent de terre vaut en capital 4000 francs. Il y a ainsi double appréciation à faire : 1° ce que vaut le revenu ; 2° ce que vaut le capital par rapport au revenu (et c'est un rapport qui varie beaucoup, selon les moments et selon les lieux). Double appréciation ! double problème ! double occasion de débats, d'arbitraire, de taxation trop forte ou de taxation trop faible, en un mot d'injustice ! Soyez tranquilles, nous ne sortirons pas de la bouteille à l'encre, au contraire nous nous y enfoncerons davantage. Et la bouteille à l'encre coûte fort cher, rappelez-vous le. Plus vous compliquez, plus vous modifiez la machine aux impôts, plus il faut des écritures, des paperasses, des agents, des commissaires, des délégués, et tout cela se paye.

Mais en voilà qui me diront: « Peu nous importe; à qui nous en voulons, c'est au capital, à cet odieux capital, à ce capital qui nous asservit et qui nous tue. Cela nous coûtera plus ou moins cher, mais nous voulons en finir avec lui, nous voulons le tuer. »

Malheureux ! mais vous voulez vous donner la mort à vous-même ! le capital, c'est vous. Si je vous demande : qu'est-ce que le capital ? Vous serez bien embarrassé pour me répondre. Ce mot-là, c'est un mot que l'on répète sans cesse, c'est un mannequin sur lequel on s'amuse à frapper, c'est un drapeau que l'on hisse sur la muraille pour tirer dessus. Mais que veut-il dire ? Vous ne le savez pas.

Moi, je vais vous le dire. Le capital c'est vous-même ; c'est vous, et tout ce qui vous appartient. Le petit fonds de terre que vous avez acheté, c'est du capital ; le livret de caisse d'épargne qu'à force de travail vous vous êtes procuré, c'est du capital ; les quinze sous même que vous avez dans votre poche, c'est aussi du capital. Je vais plus loin encore, vos bras, votre travail, votre personne, votre intelligence, c'est encore un capital, et le meilleur et le plus précieux de tous les capitaux.

Entre tous ces capitaux lequel imposerez-vous, je vous le demande ?

Mais on n'en parle pas moins de la haine au capital, de la guerre à faire au capital, de l'oppression du travail par le capital.

Écoutez-un peu ; vous êtes, je suppose, cordonnier de votre état. Vous avez dix francs dans votre poche, ceci est un capital ; avec ces dix francs, vous achetez du cuir et des outils, vous faites des souliers, voilà le travail enfanté par le capital. Cela fait, vous vendez ces souliers, et vous mettez en poche l'argent qu'ils vous rapporteront, voilà le capital, enfanté par le travail. Et ce nouveau capital employé comme le précédent, rendra possible un autre travail, et le produit de ce nouveau travail enfantera un autre capital. Vous voyez bien que l'un a besoin de l'autre, que l'un tour à tour produit l'autre et qu'il faut le capital sous une forme ou sous une autre, pour que le travail soit possible, et qu'il faut le travail pour donner naissance au capital. Agrandissez les proportions, rien ne sera changé. Au lieu d'un ouvrier, mettez-en cinquante, cent, mille ; au lieu de dix francs de capital que nous supposons, mettez cent, mille, dix mille, cent mille francs qu'il vous faudra pour pourvoir un tel atelier d'outils et de matières premières ; au lieu de cinq ou six paires de souliers, mettez autant de marchandises que vous voudrez. Au lieu des 15 ou 20 francs que ces souliers rapporteront, mettez 15 ou 20,000 francs ; ce sera toujours la même chose. Il faudra toujours le travail pour produire le capital, et le capital pour aider au travail. Ne séparez donc pas l'un de l'autre ; celui-ci a besoin de celui-là, et celui-là ne saurait se passer de celui-ci. Il faut le capital sous une forme ou sous une autre pour que le travail soit possible et fructueux, comme aussi il faut le travail pour donner naissance au capital.

En d'autres termes, et pour mieux nous expliquer, Dieu, à l'origine, pour que l'homme pût vivre, lui a donné deux choses : la terre et sa personne. D'un côté la terre avec tous les germes qu'elle contient et les produits qui sortent d'elle, herbes, plantes, arbres et les animaux mêmes auxquels elle fournit leur substance — de l'autre côté, la personne humaine, c'est-à-dire le corps, les muscles, les bras, etc., c'est-à-dire aussi l'intelligence qui fait mouvoir ces instruments et met en œuvre ces matériaux. — Eh bien ! la terre, c'est le capital; et la personne humaine, c'est le travail. Séparez-les donc l'un de l'autre; que produira la terre si l'homme n'est pas là pour la cultiver ? que pourra faire l'homme s'il n'a pas la terre pour le nourrir? Tout le problème de l'industrie est là. Le capital, c'est toujours la terre, ou en elle-même, ou représentée par des produits humains, denrées, monnaies, valeurs quelconques, qui, en définitive, sortent toutes de la terre. Le travail, c'est toujours l'homme, son intelligence et sa main. Et vous voulez les séparer l'un de l'autre! Et vous voulez qu'ils se fassent la guerre. Et vous ne comprenez pas que, si nous vivons, c'est parce qu'ils sont d'accord l'un avec l'autre, et que s'il était jamais possible que le travail anéantît le capital, ou que le capital annulât le travail, l'un et l'autre seraient perdus; le genre humain ne vivrait plus.

Le travail sans le capital, c'est l'homme qui travaille et qui n'est pas payé (car lorsqu'on le paye, c'est un peu de capital qu'on lui donne). Le capital sans le travail, c'est l'homme qui a de l'argent dans sa poche, mais qui ne trouve rien à acheter parce que personne ne travaille, et que les denrées manquent. L'un et l'autre mourront de faim.

Maintenant, ces deux éléments, la main qui travaille et la bourse qui paye, ont différentes manières de s'arranger l'un avec l'autre. Peu importe du reste, pourvu que l'un ne manque pas à l'autre. On a vu parfois de braves ouvriers, ayant mis de côté quelques épargnes, les réunir, en faire un fonds social, et s'instituer à la fois ouvrier et entrepreneur, être en même temps la main qui travaille et la bourse qui paye. C'est ce qu'on appelle société coopérative. Bonne, excellente chose quand elle est possible.

Mais elle ne l'est pas toujours. Surtout avec le développement qu'ont pris de nos jours les procédés industriels, la puissance des machines qu'il faut construire, l'étendue des bâtiments qu'il faut élever, le petit capital que des ouvriers ont pu épargner serait insuffisant, au moins dans un grand nombre d'industries. Le cordonnier dont nous parlions peut acheter son cuir avec les quelques sous qu'il a épargnés, fabriquer une nouvelle paire de souliers et gagner une nouvelle épargne. Mais le maçon que fera-t-il à lui seul, ou même avec cinq ou six autres maçons comme lui ? Mais le tisserand, si personne ne l'aide, comment luttera-t-il contre ces tisseries mécaniques, qui ont à leur service la vapeur, le gaz, les machines gigantesques, les immenses bâtiments de l'usine ? Que faire donc? Faut-il faire ce que faisaient trop souvent nos pères ? Interdire les procédés nouveaux, parce qu'ils produisent plus et à meilleur marché que les anciens; briser le bateau à vapeur de Papin comme firent les mariniers de Hambourg; jeter dans le Rhône Jacquart et son métier comme les révolutionnaires de Lyon voulurent le faire; briser les presses mécaniques comme, hier encore, en 1848, les ouvriers imprimeurs à Paris prétendaient le faire ? Mais c'est absurde, tous le sentent aujourd'hui. C'est appauvrir le genre humain, pour que tel ou tel gagne davantage. C'est nous forcer tous à payer nos sabots dix sous plus cher pour que le sabotier gagne cinq sous de plus ; et le sabotier à son tour, comme il sera obligé de payer plus cher et ses outils et son vin et son pain et tout, loin de s'enrichir, il se sera appauvri. Non, ne refusons rien de ce que le bon Dieu nous donne ; s'il nous donne un moyen plus facile de pétrir le pain, ne le rejetons pas sous prétexte que cela nuirait au boulanger. S'il nous fait découvrir la pomme de terre que nous ne connaissions pas, ne jetons pas la pomme de terre à l'eau sous prétexte qu'elle ferait tort au maraîcher. En un mot, avoir les denrées plus abondantes et par suite à meilleur prix, c'est le bénéfice de tout le monde, du sabotier, du boulanger, et du maraîcher, comme du propriétaire, du banquier et du roi. C'est la richesse du genre humain.

Ainsi donc, en attendant (ce qui arrivera peut-être) que les nouvelles ressources de l'industrie s'individualisent pour ainsi dire, et que, sans grande manufacture, sans gigantesque machine, chaque ouvrier puisse avoir la vapeur dans un coin de sa petite chambre ; en attendant cet heureux jour, il faut subir la grande usine, le mécanisme gigantesque, et par suite, la nécessité des grands capitaux. En d'autres termes (car il est toujours bon de parler français), l'épargne de l'ouvrier, c'est-à-dire, le fruit du travail de quelques années ne suffisant pas, il faut avoir recours à l'épargne de plusieurs générations, c'est-à-dire au fruit du travail de quelques siècles. Car la propriété mobilière ou immobilière n'est autre chose que cela ; c'est un bien gagné, plus vite par les uns, plus lentement par les autres, accumulé dans telle famille depuis dix ans, dans telle autre depuis trois cents ans, chez ceux-ci par les travaux de la main, chez ceux-là par le travail de l'intelligence. M. de Rothschild a travaillé, son père a travaillé et son grand-père a travaillé comme nous, quoique dans un autre genre d'industrie, comme nous et peut-être plus que nous.

Il faut donc que le capital et le travail s'associent, ou en petit ou en grand ; soit que la bourse de l'ouvrier fournisse l'outil et la matière première à la main de l'ouvrier, soit, quand il en est besoin, que la bourse du grand propriétaire mette dans la main de l'ouvrier, et à sa disposition, outre les matières premières, la grande manufacture, les engins merveilleux et le charbon, ce suprême agent de toute industrie. Maintenant, cette association est-elle forcément l'association d'un tyran et d'un esclave ? En réalité, l'intérêt de l'un et de l'autre est le même. Produire le plus possible, à moins de frais possible, vendre meilleur marché pour vendre davantage ; c'est le profit de l'entrepreneur comme celui de l'ouvrier. Si l'ouvrier est mal payé, il travaille sans cœur, et l'entrepreneur y perd. Si l'ouvrier est content, il travaille mieux et l'entrepreneur y gagne.

Mais surtout, quand l'usine est chrétienne (et il y en a de telles), quand l'entrepreneur et l'ou-

vrier sont les serviteurs du même Dieu et s'age-
nouillent devant le même autel, quand il y a (si
l'importance de l'usine l'exige), au sein de
l'usine, chapelle, aumônier, école pour les gar-
çons, école pour les filles, quand cette cité-là ne
fait qu'une famille, croyez-le bien, cette famille
n'est point si malheureuse. C'est là, comme il
s'est vu au Val-des-Bois, que forcé de chômer
par un incendie qui a dévoré l'usine, on ne s'est
séparé qu'en s'embrassant et en pleurant, ouvriers et patrons; et, lorsqu'il a été possible de se
retrouver, on s'est retrouvé avec des larmes de
joie, heureux de recommencer ce labeur qui faisait la joie de tant de cœurs et la vie de tant de
familles.

Il s'est introduit même dans un certain nombre
de grandes entreprises, une pratique que je re-
commande volontiers à tous les patrons et à tous
les ouvriers, parce qu'elle est dans l'intérêt des
uns et des autres, et parce qu'elle aide à l'entente
mutuelle et au contentement de tous. On attribue
à l'ouvrier, outre son salaire, une part propor-
tionnée dans les bénéfices de la maison; cette part
se capitalise, comme à la caisse d'épargne, et,
lorsqu'il se retire, on lui remet son livret. De
cette manière il ne peut se plaindre que le patron
l'exploite, et pour un maigre salaire, tire de lui
des millions qu'il enfouit; lui-même, au contraire, de ces millions ou de ces milliers de francs,

aura sa part. De cette manière, il est comme membre de la famille du patron, ayant part à ses bénéfices, souffrant de ce qui les diminue, profitant de ce qui les augmente, vivant pour ainsi dire de sa vie et s'enrichissant de sa richesse.

Je ne dirai pas qu'il est associé dans le sens strict du mot; non, car, s'il était associé, il aurait part au gouvernement de la maison, et le gouvernement de tout le monde par tout le monde, en admettant qu'il soit bon pour la république, n'est pas bon pour l'usine. Il est même, dirai-je, mieux qu'associé; car l'associé profite du gain, mais paie les dettes. L'associé s'enrichit quand l'entreprise prospère, il est ruiné quand elle tombe. Au contraire, l'ouvrier, dans le système dont il s'agit, prend part aux bénéfices, mais non aux pertes. Ce qui peut lui arriver de pire, c'est de moins gagner.

Voilà ce qui se fait, dis-je, dans bon nombre d'entreprises, et l'on s'en félicite. Mais, ce qui est vrai partout, c'est qu'ouvrier et patron ont un même intérêt, et que l'un n'a jamais à gagner à la ruine de l'autre. Le capital et le travail, dont on veut à toute force faire deux ennemis, ne peuvent pas se séparer. Autant vaudrait séparer la bouche et la main, défendre à la main de porter le pain à la bouche, ou défendre à la bouche de mâcher le pain, parce que ce pain se convertira en suc vital pour la main.

Et, tenez ! voilà une bien vieille histoire que
tous les écoliers, à ce qu'il paraît, ont lue dans
leurs colléges et que j'entendais réciter par l'un
d'eux.

Un jour, il y a bien longtemps, les ouvriers de
la ville de Rome, mécontents de leurs patrons,
allèrent camper au dehors sur une montagne,
armés, fortifiés, menaçant d'attaquer la ville. La
ville n'avait pas de soldats, ou en avait peu ;
mais il y avait dans la ville un homme sage et
sensé, qui était né du peuple, qui connaissait le
péuple et qui savait lui parler. Il va les trouver
dans leur camp et, parlant avec la bonhomie du
vieux temps : « Jadis, leur dit-il, l'homme n'était
« pas tout d'une pièce. La tête, les mains, l'esto-
« mac avaient chacun son idée, et parlait à sa
« guise. Un beau jour, les mains et les jambes se
« prirent à dire : Ce paresseux d'estomac, ce vieux
« fainéant, nous travaillons pour lui, il boit, il
« mange, il digère, et il ne fait rien. Allons,
« émancipons-nous. Vous, les mains, vous ne la-
« bourerez plus et ne travaillerez plus pour lui ;
« vous, les dents, vous ne mâcherez plus ; vous,
« la gorge, vous n'avalerez plus. Cela se fit ; on
« ne mangea ni ne but, ni ne mâcha, ni n'avala,
« et tout le corps qui ne se nourrissait plus, s'en
« allait défaillant et tout prêt à mourir. Il fallut
« bien reconnaître que l'estomac n'est ni pares-
« seux, ni si inutile ; on le nourrit, c'est vrai,

« mais il nous nourrit. Les membres lui donnent
« du pain, mais de ce pain il fait du sang qui ali-
« mente toutes les veines, et donne la vie et la
« force à tous les membres. Vous, chers amis,
« vous êtes les membres, et les capitalistes, c'est
« l'estomac. Les membres ne peuvent pas plus
« vivre sans l'estomac que l'estomac sans les
« membres. » Les ouvriers le comprirent, on se
réconcilia et tout le monde fut content.

Cela se disait il y a vingt-trois siècles, mais on
n'a jamais rien dit de plus vrai sur la question
du capital et du travail. Tous les économistes,
tous les socialistes des temps modernes n'ont pas
mieux dit, et, s'ils ont voulu se débattre contre
cette vérité-là, cette vérité-là triomphera d'eux.
Il sera toujours vrai que pour vivre il faut travailler, et que pour travailler il faut vivre; que tous
nous faisons plus ou moins bien l'un et l'autre,
tous nous travaillons et tous nous vivons, tous
nous vendons et tous nous achetons, tous nous
sommes plus ou moins la main qui travaille,
comme nous sommes l'estomac qui digère. Mettre
en guerre le travail et le capital, c'est mettre en
guerre l'homme contre lui-même.

Soyons donc gens de bon sens, et, de plus,
soyons chrétiens. A vrai dire c'est une seule et
même chose. Notre divin Maître nous ordonne de
respecter le bien d'autrui; il bénit le travail. Au
pauvre il défend la révolte, au riche il interdit

l'égoïsme. Sous cette loi, les peuples ont vécu en paix; leur labeur a été de plus en plus fructueux; ils sont montés de l'esclavage à la liberté, de l'infériorité du serf à l'indépendance du bourgeois. Les ouvriers d'aujourd'hui seraient des riches et des aristocrates auprès des ouvriers d'il y a deux mille ans.

Encore une fois, soyons chrétiens, nos pères ont vu ce qu'un peuple gagne à abjurer le christianisme, ce qu'il leur en coûte de sang, de prospérité et d'honneur.

— Fasse Dieu que nous ne le voyions pas une seconde fois !

420 — Abbeville, typ. et stér. Gustave Retaux.